MAURICE HAURIOU

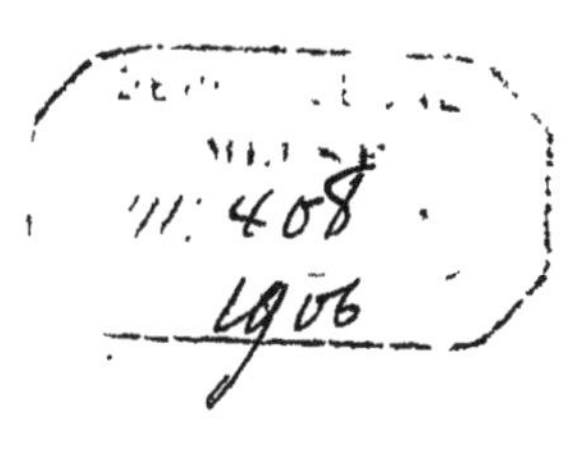

Préface sur le

Droit. Public

Maurice HAURIOU

Préface sur le

Droit Public

PRÉFACE DE LA SIXIÈME ÉDITION [1]

La caractéristique de cette sixième édition, d'ailleurs entièrement refondue, est de contenir une théorie d'ensemble du Droit public et, j'ajoute, une théorie tirée du Droit administratif.

I. Que le Droit administratif s'élève à cette hauteur de prétention de vouloir fournir une théorie de l'État, on ne doit pas s'en montrer autrement surpris, parce que les temps en sont venus. L'État est une formation sociale qui évolue comme toutes choses et même très rapidement. Je ne dirai pas qu'il se transforme, mais il se développe et des caractères qui étaient en lui dès le début, faiblement accusés, se marquent par la suite et deviennent prédominants, tandis que d'autres s'affaiblissent.

L'État moderne a été peu administratif pendant les premiers siècles de son existence; les conquêtes de territoires, les relations diplomatiques, l'accroissement du pouvoir purement gouvernemental absorbaient toute son activité. En ce qui concerne les avantages positifs que devait procurer le régime, on vivait d'espérances; en attendant on essayait des formes constitutionnelles, on se passionnait pour des libertés civiques, en un mot, on était dans la période d'idéalisme politique qui marque la jeunesse des peuples.

Mais l'évolution s'est poursuivie, l'État moderne a pris de la maturité, il est passé de l'idéalisme politique au réalisme économique, c'est-à-dire au régime administratif. Ses citoyens lui demandent maintenant autre chose que des promesses, ils veulent des réalités

<hr>

(1) La préface de la cinquième édition, sur les caractères spécifiques du Droit administratif français, se retrouve en majeure partie incorporée au volume, p. 383 et s.

et des fruits. Or, les fruits de l'État ce sont des avantages sociaux positifs et le régime administratif seul les peut fournir, parce que seul il entraîne un aménagement méthodique des choses. Le régime administratif a commencé par organiser des services publics nombreux et par gérer régulièrement des intérêts collectifs ; ce n'est pourtant pas cette gestion, quelqu'importante qu'elle soit, qui constituera une somme suffisante d'avantages, car elle ne profite pas à tous également, mais seulement aux citoyens qui possèdent d'avance des biens.

Le régime administratif a fait mieux, par le domaine collectif considérable qu'il a créé, par le budget formidable qu'il prélève tous les ans sur les fortunes privées, par la masse des fonctions qu'il a centralisées, par la sécurité que sa législation et ses services publics méthodiquement organisés ont établie partout, il a constitué à l'État une substance réelle et nourrissante qui va se distribuant automatiquement aux citoyens sous forme *de biens*, de telle sorte que chacun en ait un peu. Dans la période de conquête des libertés politiques l'État avait multiplié et augmenté les hommes ; maintenant il multiplie et augmente les biens. Sans doute, des biens peuvent exister sous les régimes politiques les plus rudimentaires, la possession de la terre et celle de quelques objets mobiliers peuvent être garanties dans des états sociaux inférieurs, mais l'État administratif seul, dans son atmosphère saturée de sécurité et de stabililé, peut favoriser le développement de biens d'une nature moins grossièrement corporelle, les valeurs mobilières, la propriété industrielle et littéraire, les fonctions publiques et les professions commerciales, les brevets de pension pour la vieillesse, les livrets d'épargne et de prévoyance, les secours de l'assistance publique. L'État contemporain crée des biens fiduciaires comme il crée de la monnaie de papier ; ils viennent augmenter le stock des biens naturels comme les billets de banque augmentent celui du numéraire, et, ainsi, ils assurent une circulation des biens suffisante pour que chacun puisse en prendre sa part.

Quand on dit de nos contemporains qu'ils voudraient être « tous fonctionnaires », on exprime au fond cette idée que tous voudraient retirer de leur profession les mêmes avantages certains que le fonctionnaire public retire de sa fonction et qui font de celle-ci un bien. En un certain sens, en effet, toutes les professions sociales, même celles des travailleurs manuels, sont des fonctions. Or, par des combinaisons d'assurances et d'institutions de prévoyance, par un bon aménagement du travail, l'État peut augmenter la valeur et la certitude de toutes les professions de façon à faire apparaître en elles des biens; il peut, en garantissant ces biens contre les exactions de la concurrence économique et du chômage, qui actuellement les empêchent de se constituer, les faire surgir.

Au XIe siècle de notre ère, lorsque les habitants des villes s'armaient et s'insurgeaient au cri de « communion, communion! » ce qu'ils demandaient au régime communal c'était, en les libérant des exactions des seigneurs et en assurant la liberté de leur négoce, de leur permettre l'acquisition des biens de bourgeoisie. De fait, le régime municipal entraîna la création de nouvelles espèces de biens, boutiques de marchands, maîtrises, charges lucratives, etc. Quand les ouvriers du XXe siècle, ou même les employés et sous-agents de l'Administration, font grève en criant « syndicat, syndicat! », ce qu'ils demandent au régime syndical une fois incorporé à l'État, c'est de leur assurer de nouveaux biens; c'est, en les libérant de la concurrence ou du chômage, ou de la tyrannie de l'agent électoral, de leur garantir à l'usine, à l'arsenal ou au bureau, la tranquille possession d'une place dont ils seront titulaires.

Ainsi, à chaque crise du développement de l'État correspond la création de nouveaux biens, le phénomène n'est pas nouveau, il se manifeste seulement aujourd'hui avec plus d'intensité.

Ce point de vue réaliste n'est pas le moins du monde collectiviste. D'une part, tous les biens engendrés dans l'atmosphère du régime administratif sont destinés à la propriété individuelle. D'autre part, le régime administratif engendre *des biens* et non pas *des richesses*. Il ne faut pas confondre : les richesses sont des valeurs économiques non attribuées et non garanties; les biens sont des valeurs juridiques attribuées, en ce sens que leurs modes d'acquisition sont déterminés, et des valeurs garanties. Tout bien est une richesse, mais toute richesse n'est pas un bien, tant que l'État n'a pas organisé la garantie systématique de sa possession.

Or, les richesses seront toujours produites par l'initiative et le risque individuel, le régime administratif ne vise qu'à tirer des richesses produites un plus grand nombre de biens.

Les inventions industrielles et les œuvres littéraires ont été des richesses sans constituer des biens au profit des auteurs, tant que la protection minutieuse des brevets d'invention et des droits d'auteurs n'a pas été organisée par l'État. Maintenant qu'elle est organisée d'une façon administrative, ce sont des biens de grande valeur. La production littéraire et l'invention industrielle n'en restent pas moins œuvres d'initiative et de risque individuel. La part contributive que les travailleurs manuels retirent dans la répartition des richesses, tant qu'elle ne leur était servie que sous la forme d'un salaire journalier instable, ne représentait pas un bien à leur profit; mais quand l'État leur aura garanti la possession de leur emploi, sauf destitution, quand il aura prélevé sur la richesse produite des sommes suffisantes pour alimenter de concert avec le patron des caisses d'assurance et des caisses de retraites, les traitements, les livrets et les brevets individuels qui résulteront de ces institutions, constitueront des biens. La production industrielle n'en restera pas moins œuvre d'initiative et de risque individuel entre les mains du patron, seulement le risque ne sera que pour celui à qui va le profit.

De ce point de vue contemporain, il apparaît que l'élément fondamental de l'État est celui qui concourt le plus directement à la création et à la garantie des biens, donc à l'établissement des sécurités et des stabilités juridiques. Or, ce premier rôle ne peut être dévolu, ni à l'élément de pouvoir ou de souveraineté qui joue en matière de sécurité juridique le rôle d'*ultima ratio*, ni à la loi qui ne saurait dessiner que les contours extérieurs des choses et les limites des activités, mais aux *institutions* qui recèlent les équilibres de forces actives dont est faite la stabilité sociale. Que serait la Souveraineté internationale de l'État sans les institutions de la défense nationale? Que serait la Souveraineté du peuple sans les institutions électorales? Quelle serait la force de la loi sans les institutions parlementaires? Un régime constitutionnel n'est souvent qu'un mot, une apparence, ce qui fait sa force secrète, c'est une institution dont il ne porte même pas le nom ; ce qui fait la force de résistance du Tsarisme en Russie c'est l'institution de la bureaucratie. Un principe comme celui de la séparation des Pouvoirs serait une lettre morte sans l'institution fortement établie de chacun des pouvoirs séparés; la séparation de l'autorité administrative et de l'autorité judiciaire n'eût pas résisté à l'usage sans l'institution d'une juridiction des conflits. Que devenaient les intérêts professionnels en l'absence des syndicats?

Ainsi le moment est venu d'envisager l'État, non plus comme une souveraineté, non plus comme une loi, mais comme une institution ou un ensemble d'institutions ou, plus exactement encore, comme « l'institution des institutions ».

Et, bien entendu, nous n'irons pas dire : « Il n'y a plus de souveraineté » ou bien « il n'y a plus de loi » ou encore « la souveraineté ou la loi ne sont plus des éléments essentiels de l'État ». Nous tenons toujours la souveraineté ou la loi pour des éléments essentiels de l'État, mais ils ne sont plus au premier rang et ne jouent plus le premier rôle dans la combinaison pratique des forces. S'il y a eu dans l'histoire de l'État l'âge de la souveraineté et l'âge de la loi, nous sommes maintenant parvenus, ou peut-être en un sens sommes-nous revenus, à l'âge de l'Institution, avec cette particularité que l'institution devra être coordonnée à la loi et à la Puissance publique?

Il est arrivé à l'État ce qui est advenu à beaucoup de conquérants, le voilà prisonnier de ses conquêtes. Il y avait des institutions sociales autonomes autour de lui lorsqu'il était tout petit. En grandissant il les a dévorées, maintenant elles se reconstituent au dedans de lui, elles renaissent sous forme administrative en un développement systématique et formidable de services et il est réduit à n'être plus que le support de cette chair débordante dont l'a meublé son appétit. L'État est devenu « l'institution des institutions » à la façon de Pantagruel ou de Gargantua.

II. Si j'annonce une théorie du droit public basée sur la notion fondamentale de l'institution, il est bien clair que ce ne sera pas une simple vue de l'esprit, ni l'expression d'un sentiment, mais une construction juridique systématique et raisonnée. Je n'ai pas la prétention de la donner complète dans ce manuel, mais, soit dans les quarante premières pages, soit dans un article du *Recueil de législation de Toulouse, 1906,* qui devra en être rapproché, j'en livre les principaux fragments, qui sont la *définition juridique de l'institution*, celle du *droit disciplinaire* et celle du *droit statutaire*.

De plus, dans le corps de l'ouvrage on trouvera de nombreuses ramifications de la théorie en droit administratif (organisation administrative, distinction de la loi et du règlement, statut des droits individuels, recours pour excès de pouvoir, fonction publique, domaine public, etc...); elle en aurait tout autant dans le droit constitutionnel et dans le droit international que je n'ai pas pu mettre en leur place dans ce volume.

Dans cette préface, je n'ai pas à donner d'indications sur la theorie juridique de l'institution considérée en elle-même, ce serait faire double emploi, mais je puis signaler que j'en dois les éléments techniques au droit administratif.

D'abord, si l'institution m'est apparue comme une individualité juridique et non pas seulement comme une de ces notions purement sociales que Jellinek écarte de la théorie juridique de l'État, c'est bien grâce à la contemplation du monde administratif. J'y ai vu de vastes organisations de services publics fonctionnant avec régularité, devenues indispensables à la vie nationale et par consequent devenues des institutions; il m'a paru inadmissible que ces services publics organisés par des lois et règlements, pour la marche desquels des décisions produisant des effets juridiques sont prises journellement, dont l'exécution ou l'inexécution entraîne la responsabilité juridique de l'Administration et pour lesquels en somme s'est constitué le droit administratif, ne fussent pas des institutions juridiques. J'ai remarqué de plus que les assemblées délibérantes, telles que les conseils municipaux et les conseils généraux, dont la composition et le fonctionnement sont si soigneusement réglementés, étaient des institutions vivantes auxquelles il était difficile de dénier un caractère juridique. Même observation pour les fonctions des organes exécutifs ou des agents d'exécution. De telle sorte que le droit administratif, avec sa masse d'organisations de services, d'assemblées et de fonctions publiques, m'a écrasé sous l'évidence du caractère juridique de ses institutions.

Cependant il fallait, pour forcer la conviction des juristes, fournir la preuve de l'activité juridique de l'institution et pour cela y rattacher des phénomènes juridiques qui lui fussent spéciaux : je l'ai fait en montrant que l'institution était la source véritable de deux sortes de règles de droit très particulières, les règles disciplinaires et les règles statutaires. Or, c'est encore le droit administratif qui me l'a permis.

Pour le droit disciplinaire, les constatations étaient immédiates et il ne fallait qu'y songer : la discipline hiérarchique établie dans chaque service administratif qui, depuis le développement des recours contentieux, est reléguée à l'arrière-plan dans les exposés doctrinaux, mais qui, pratiquement, joue toujours un si grand rôle, ne pouvait être rattachée qu'à l'institution administrative considérée comme un organisme juridique autonome. Elle n'enserre en ses liens que les fonctionnaires ; spécialement, les circulaires administratives ne sont pas opposables aux administrés, cependant, par le recours hiérarchique les administrés peuvent mettre en mouvement à leur profit la discipline hiérarchique. La transition entre le droit disciplinaire pur et le droit légal m'était donnée par notre admirable recours pour excès de pouvoir qui n'est, bien évidemment, qu'un recours hiérarchique porté devant un juge public et non plus seulement devant un juge hiérarchique. Du coup, par l'opposition du recours pour excès de pouvoir et du recours hiérarchique, la vertu juridique spéciale de l'institution administrative m'était révélée, car, à elle seule, elle avait pu produire le recours hiérarchique.

J'avoue avoir été arrêté plus longtemps par le problème du droit statutaire ; j'avais bien des fois vu se dérouler la procédure des assemblées délibérantes, avant de remarquer que dans *l'opération procédurale* se trouvait réalisé un procédé spécial d'accession des consentements qui se différenciait de l'échange contractuel et qui fournissait la base des *statuts*, en même temps que celle des ententes que les Allemands ont appelées du nom de *gesammtakt* ou *Vereinbarung*. Ce procédé spécial, que j'ai qualifié *d'adhésion au fait* et qui est, en réalité, l'adhésion d'un consentement en acte a un consentement antérieur devenu un fait, assurée par une procédure, se retrouve bien ailleurs que dans le droit administratif, son emploi est fréquent en droit constitutionnel et aussi en droit international, il se rencontrait dans le droit civil aux époques anciennes où celui-ci comportait des procédures formalistes ; mais c'est encore le droit administratif qui me l'a révélé en provoquant ma réflexion sur l'importance des procédures objectives qui accompagnent toutes les opérations administratives, et spécialement celles des assemblées délibérantes (V. sur ce point l'article du *Recueil de législation de Toulouse*, 1906, sur *l'Institution et le droit statutaire*).

III. Si nous avons des institutions administratives et si, peut-être, nous n'en avons plus d'autres, si l'administration publique se laisse graduellement pénétrer de cette conviction que sa fonction est d'aménager et de faire vivre des institutions, une vieille conception de notre Droit public va disparaître, qui était que le Pouvoir exécutif avait pour unique mission d'assurer l'application des lois. Cette formule de l'application des lois qui, aujourd'hui, nous paraît indigente et vide, a été pleine de sens il y a cent ans. Après la table rase révolutionnaire, tant d'organisations nouvelles avaient été créées qui, n'ayant aucune racine dans les mœurs, ne s'appuyaient que sur la loi, qu'il fallait à tout prix assurer l'application des lois, autrement tout s'écroulait. La sanction du juge n'eût pas été assez énergique, il fallait la décision rapide, la mesure générale, la précaution préventive, que seule l'exécution par la voie administrative pouvait fournir.

Mais, à force de durer, le régime nouveau s'est institué. A mesure que ses organisations créées à coups de décrets entraient dans les mœurs, la voie administrative devenait moins nécessaire pour assurer l'application des lois organiques. Les autorités administratives continuent d'édicter des règlements, mais ceux-ci s'exécutent de moins en moins par des mesures de police et de plus en plus par des poursuites devant le juge. Les lois nouvelles, j'entends celles du Droit public, créent, pour assurer leur propre application, des délits spéciaux qui permettent de saisir directement les tribunaux ; celles pour lesquelles cette précaution n'a pas été prise nous paraissent imparfaites. L'exécution directe de la loi par la voie administrative est une chose qui a vécu, elle nous blesse maintenant comme un anachronisme. La loi n'a plus besoin de cette sanction lourde et dangereuse, parce qu'elle est soutenue par les institutions mêmes auxquelles elle s'applique.

Désormais, l'Administration n'aura à assurer l'application des lois par mesure administrative que dans ses propres services. Dans l'application aux citoyens le juge prendra la place qu'elle aura laissée libre. C'est, d'ailleurs, un fait d'observation que le rôle du juge grandit à mesure que les institutions d'un pays se fortifient. Autant la loi toute seule avait besoin de l'exécution administrative, sèche, rapide, uniforme, autant la loi soutenue par les institutions a besoin du juge dont les sanctions sont tempérées, lentes et nuancées.

L'Administration ne disparaîtra pas devant le Pouvoir judiciaire, puisqu'elle a ses institutions innombrables à faire vivre ; il est seulement à prévoir qu'au sein de l'Administration elle-même le juge administratif prendra une importance croissante.

IV. Toute théorie de droit public qui se respecte doit avoir une doctrine touchant la personnalité de l'État. C'est là qu'on l'attend pour la juger. Et, en effet, au fond de cette question de la personnalité s'en cache une autre, qui est celle de savoir jusqu'à quel point l'État peut user des procédés du commerce juridique ordinaire dont la personnalité juridique est le principal ressort, et jusqu'à quel point aussi le commerce juridique pénètre dans son organisation. Depuis quelques années surtout ce problème attire l'attention ; la personnalité subjective de l'État a été violemment attaquée et, après l'avoir mise à tous les emplois, il semble qu'on veuille la chasser de partout[1].

Je vais essayer d'indiquer brièvement l'attitude que prend dans cette question capitale la théorie de l'institution. Elle semblera déconcertante à ceux qui aiment les idées tranchantes et absolues dans un sens ou dans l'autre, car elle comporte à la fois des affirmations et des négations ; par contre, j'espère qu'aux gens sans parti pris elle paraîtra conforme à la nature des choses.

La théorie de l'institution admet la personnalité subjective de l'État et même elle l'admet comme une réalité sociale, non pas comme une fiction, seulement, elle limite la portée de cette personnalité subjective par une autre notion qui est celle de l'individualité de l'État. Cette individualité objective n'est autre que l'État

---

(1) L. Duguit, *L'État, le droit objectif et la loi positive*, 1901 : *l'État, le Gouvernement et les agents*, 1903 ; cfr. la réplique de M. Esmein dans la préface de ses *Éléments de droit constitutionnel*, 3ᵉ édit. ; Michoud, *La théorie de la personnalité morale*, 1905 ; Lefür, *l'État, la souveraineté et le droit*, broch. 1906.

envisagé comme institution, avec ses ressorts de droit disciplinaire et de phénomènes statutaires. Chacune des deux notions a son domaine. L'État n'est qu'une institution si l'on pose la question des rapports des organes entre eux ou des sujets avec les organes, le point de vue objectif de l'institution et du statut est alors le seul qui convienne. Par surcroît l'État est une personne juridique, mais seulement dans les relations du commerce juridique proprement dit, c'est-à-dire dans ses relations avec des parties ou des partenaires qui ne soient pas envisagés comme étant ses organes, ni ses sujets (relations internationales, gestion des services administratifs).

Une comparaison fera comprendre ma pensée pour ce qui est de la juxtaposition d'une individualité objective à la personnalité subjective. L'être humain est une personne juridique, mais il est aussi un individu. Toute une partie du droit, le droit civil, envisage surtout la personnalité subjective de l'homme; mais il est d'autres parties du droit, par exemple le droit pénal, qui assurent la protection de son individualité physique et morale. Je ne parle que des choses incontestables et je n'agite pas la question de savoir si le droit public tout entier, et spécialement le statut des droits individuels, n'intéressent pas plutôt l'individualité objective de l'homme que sa personnalité.

Le dualisme de l'individualité objective et de la personnalité subjective, qui est d'évidence pratique en ce qui concerne l'être humain, n'est pas moins réel en ce qui concerne l'État et les diverses corporations sociales. Il n'y a pas de passage logique qui permette de conclure de l'individualité de l'homme à sa personnalité subjective, il n'y a pas non plus de passage logique qui permette de conclure de l'individualité objective d'une institution à sa personnalité. La personnalité subjective repose sur un élément nouveau qui n'est pas nécessairement donné par l'individualité, ni par conséquent par l'organisation institutionnelle. Cet élément nouveau est la délibération raisonnable. En fait, la personnalité apparaît dans les institutions avec l'organisation délibérante, comme elle apparaît dans la série animale avec la raison.

Cette théorie se sépare de l'organicisme de Gierke en ce que l'existence des organes, en soi, n'est marque que de l'indi-

vidualité objective et non pas nécessairement de la personnalité
morale ; celle-ci n'apparaît qu'avec une certaine espèce d'organe
qui est l'organe délibérant et à raison du caractère représentatif
et rationnel de la délibération. La personnalité est donc moins
attachée à l'organe, qu'au phénomène de la représentation rationnelle.

La distinction de l'individualité objective et de la personnalité subjective, ainsi fondée par la théorie de l'institution, est tellement dans
la nature des choses qu'elle permet de mettre tout le monde d'accord.

Comme l'individualité de l'institution est sous-jacente à la personnalité morale, bien des auteurs ont travaillé à en constituer la
notion croyant ne viser que la personnalité. Au premier rang de
ceux-là je placerai Ihering avec sa doctrine des buts et sa définition des droits, tirée de l'intérêt. C'est l'homme, en tant qu'individu, abstraction faite de sa faculté de délibération raisonnable,
qui est sous l'empire de la loi du but ; la loi de finalité n'est en soi
que celle de l'instinct animal, elle ne devient une loi de liberté que
par l'intervention de la délibération raisonnable qui sert de support
à la personnalité humaine ; sans cette intervention l'individu humain
serait tout aussi asservi à la finalité de ses appétits internes qu'à la
causalité des événements extérieurs ; par conséquent, la personnalité
raisonnable est un élément qui affranchit de la loi du but dans une
certaine mesure et, ce qui est soumis à cette loi, c'est proprement
l'individualité instinctive. De même, si les droits sont des intérêts,
c'est uniquement en tant qu'inhérents à l'individu humain ; pour
l'individu ils sont des intérêts justement parce qu'ils tendent vers
un but pratique ; pour la personne subjective ils sont des occasions
de s'affirmer en relation avec autrui par une délibération raisonnable sur un risque à courir dans ces relations (V. p. 321, et s. le
fondement des droits subjectifs établi sur ce que, dans la défense
ou la réalisation d'un intérêt particulier, l'homme risque son patri-
moine entier ou sa personne et, par conséquent, « risque le tout
pour la partie », ce qui est proprement le résultat cherché par le
commerce juridique dans la donnée de la personnalité).

J'estime que M. Michoud, dans son beau livre la *Théorie de la
personnalité morale*, a subi l'influence d'Ihering et qu'en mettant
au premier plan des éléments de la personnalité le *centre d'intérêts*,

il a en réalité visé l'individualité objective des institutions plus que leur personnalité. Sans doute, sous toute personnalité morale il doit y avoir une individualité préexistante qui soit un centre d'intérêts ou un équilibre de forces, mais l'individualité ainsi constituée est le postulat ou la condition préalable de la personnalité morale plutôt qu'elle n'en est un élément.

La distinction de l'individualité objective et de la personnalité subjective, et surtout l'identification de l'individualité avec l'institution, permettent aussi le rattachement d'une théorie latente chez beaucoup de publicistes français et que j'appellerai la théorie de la fonction. M. Esmein, dans ses *Éléments de droit constitutionnel*, est très représentatif de cette tendance. D'abord, il admet que l'État n'est que la personnification juridique de la nation, donc la nation a une existence individuelle, elle est l'individu dont l'État réalise la personnalité. Ensuite, cette nation confère ou contient des fonctions. Toute la théorie du suffrage et du régime représentatif est construite sur cette donnée que l'électorat est une fonction nationale. Ce n'est pas une fonction créée par la personne État, comme le prétendraient Laband ou Jellinek, avec l'usage abusif qu'ils font de la personnalité subjective; c'est une fonction qui s'est créée objectivement dans l'intérêt de la nation. Même doctrine pour les fonctions gouvernementales ou administratives. De telle sorte que l'ensemble des fonctions est considéré comme l'organisation de l'individualité nationale. Mais les fonctions sociales sont des institutions juridiques, l'ensemble des fonctions sociales est lui-même une institution juridique et l'individualité nationale n'est donc autre chose que l'État envisagé comme une institution juridique objective.

L'avouerai-je, ce qui me satisfait le plus dans la distinction de l'individualité sociale et de la personnalité, à laquelle conduit la théorie de l'institution, c'est qu'elle me permet de rester très près des auteurs, fort nombreux en France, qui n'admettent la personnalité morale qu'à titre de fiction légale. Il leur faut l'intervention de la loi. La plupart ne donnent pas beaucoup de raisons de cette exigence, c'est un sentiment qu'ils ont. Il faut tenir grand compte des sentiments juridiques, ils sont la matière première des théories et, même dans leurs affirmations les moins motivées, contiennent quelque parcelle de vérité. Après tout, il se pourrait bien que la loi ou, du moins, quelque phénomène apparenté à la loi, jouât son rôle dans la genèse de la personnalité morale. M. Michoud, qui est partisan de la réalité et de la spontanéité de cette personnalité, sacrifie cependant à la loi d'une certaine manière, en lui réservant l'organisation de la volonté collective. J'y sacrifie aussi, mais d'une autre manière, puisque je reconnais que dans une institution sociale donnée, l'apparition de la personnalité morale est conditionnée par l'existence du phémonène statutaire, c'est-à-dire du phénomène de la délibération représentative et rationnelle. Il faut donc bien en effet une loi, mais en ce sens qu'il faut que l'institution soit capable de se faire sa loi ou son statut, car loi ou statut sont de même espèce. Quant à la loi de l'État, il y a une personnalité morale à laquelle elle est indispensable, c'est celle de l'État lui-même. On dit souvent, sans autre explication, que la personnalité de l'État est une donnée nécessaire. Je prétends, quant à moi, que l'on peut assister à sa naissance, elle ne se développe ou ne se sépare de la personne physique du monarque, qu'avec la loi et le règne de la loi et l'organisation représentative propre à faire la loi. Mais toute institution sociale qui est arrivée à l'âge statutaire, qui possède l'organisation représentative propre à l'élaboration de ses statuts, se crée par là-même une personnalité morale sans avoir besoin de la loi de l'État. On voit donc qu'il y avait de la loi dans l'affaire et que, si la personnalité morale n'est pas créée par la loi, elle est cependant liée à l'existence du phénomène législatif interprété comme phénomène statutaire.

Bien évidemment, la théorie de l'institution, par cela même qu'à la personnalité morale, elle ajoute l'individualité objective des organisations sociales, va droit à l'encontre de la tentative d'anarchisme individualiste de M. Duguit. Est-il besoin de s'expliquer à ce sujet? M. Duguit doit être satisfait du succès qu'a eu la partie critique de son œuvre. Il a certainement enrayé l'expansion des doctrines allemandes sur le droit public subjectif. Il a rappelé violemment l'attention sur le droit objectif. Toute théorie de droit objectif doit avoir ses sympathies, surtout si, comme celle de l'institution, elle annexe au Droit proprement dit la Morale juridique par l'intermédiaire du droit disciplinaire. Quant à sa construction purement individualiste du droit public, je serais bien surpris si, lui-même, ne s'était déjà aperçu que de vouloir ramener tout le collectif à n'être que la règle abstraite de l'individuel, c'était tout de même tenter la quadrature du cercle.

Nonac, le 1er octobre 1906.

IMPRIMERIE
CONTANT-LAGUERRE

BAR-LE-DUC